庄学本

1934~1941

ZHUANG XUEBEN

XIXING YINGJI

主编 马晓峰 庄 钧

西行影纪

贰

四川美术出版社

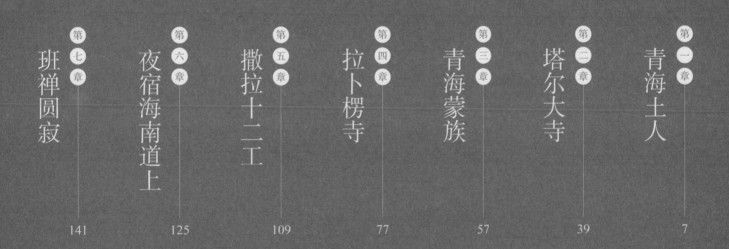

戴簸箕头饰的土族妇女

第一章 青海土人

第二次旅行是在1935年的初冬，一列专车把我们由南京带到西安，再由二十余辆汽车把我们送进兰州，任务是护送班禅回西藏。

当护送班禅回藏专使行署一行到达兰州的时候已是1936年元月，班禅及其随从正在西宁的塔尔寺，于是我们的队伍在兰州暂行停留。我个人先到西宁，去互助、乐都一带青海土人（MongolQun）的部落中随土人过年。土人是一个农业民族，他们分布在湟河（湟水）二岸的西宁、互助、乐都、大通、民和等县，人口约十万人，他们自称为蒙古人（MongolQun），而蒙古人和汉人又称他们为土人（DoldoQun）。他们有独立语言，但颇多蒙古音。

土人服饰异常奇特，和蒙古人及"番"人均截然不同，妇人的头饰用红线、五色布、红绒球和小铜铃做成马鞍形、簸箕形、蜂翅形、三尖形、烧饼形，分别称马鞍头、簸箕头、蜂儿头、三尖头或三义头、烧饼头或干粮头等种种。每一条山沟流行一种头饰，颈间套着白贝壳的项圈，背后又拖一个五彩料珠盘成的圆碟。民和县的土人特别，都是小脚、红裙珠冠，额前一只珠凤，行动时脚下袅袅婷婷，珠凤颤颤飞舞，据传这是宋朝丹阳公主的新妆。

新年是土人快乐的日子，妇女们穿了新装在村前争奇斗艳，唱道喇（唱歌）、荡秋千、踢毽子。寺院中跳神、斩鬼、祈年、举行神会。土人住的房子有一个大土炕，炕边为土灶，灶边又为羊栏，灶中的余火可以使满室生温，饮食起居多在炕上。女子到了成年，戴天头称阿姑，就能公开交男友了。民和一带的土人以十一二龄的儿子娶一个二十余龄的媳妇，帮着家里做事。土人死后多行火葬，他们的宗教为西藏的喇嘛教而略杂有巫教，每一村的庄庙中多供着大鹏鸟、骡子天王和护法神箭做神祇。村前又修着很多亭形的彭坑（神庙），中间装了许多小泥塔，这是一种挡冰雹的法事。土人社会为封建制，互助、民和的李土司据传是五代时显赫的历史人物李克用的后代。

按　语 ────────────

　　本文选自庄学本所著《十年西行记·青海土人》一节，略有改动。

　　文中的"土人"即"土族"。土族分布于青海湖东、祁连山南面、湟水和大通河两岸的广大地区，主要聚居在青海互助土族自治县，民和、大通两县也比较集中。语言属阿尔泰语系蒙古语族，基本词汇和蒙古语相同或相近，没有文字，通用汉文。

青海民和县街景

民和为甘、青交界之重地，1930年4月
始设县治。这里是土族聚居地之一。

1 装羊毛

皮袋中装满羊毛，每个可装三百斤，装时
由一人站立皮袋中踩踏羊毛充实袋中。

2 湟水渡船

民和东部境内湟水上有木船行驶两岸，摆
渡人畜，当称便利。

民间盛会

1 土人的厨房

灶与炕相连。

2 打土块

当地所用肥料多用草灰，先在冬季堆土
墩烧草灰，至初春发后打散再用。

土人的歌唱

摘自庄学本《旅行日记簿》

　　我们今天不预备回县府，傍晚打发人将县府的铺盖取来，打算找一个土人家里住下，可以了解土人的一切生活习惯。但是穷苦的土人没有一处空房能够招待我们这一些新客，所以只有留在红牌（寨首）家里过夜。土人是一个能歌的民族，晚上我们打了两块钱酒，请来六七个土人唱歌。唱歌土话谓之"道喇"。普遍是他们在田野间随意抒情的山歌，多是男女酬答情歌。但是吉庆节日，在庭园中唱的，那就须吉祥的、历史的歌曲。今晚唱的都是男子，他们环蹲在地下，中间是一壶煨热的白酒，大家传饮几口，就引吭高歌，歌声清越，婉转动听，但是调子很简单，唱的都用汉语，这也许是汉化已深的关系。然而我们还是不容易领会歌中的词句，几曲以后，我因为要洗照片，所以就打发他们回去。

1 土族尚保留清代留辫习俗，其妻还要替他梳辫
2 荡秋千

土族的婚礼（图为新娘在家门待娶）

土族的婚礼（图为新郎到女家迎娶）

摘自庄学本《旅行日记簿》

七岁就结婚

婚嫁的风俗在此地比较自由，普通男女两情相悦，致财礼、拜天地，即可正式成为夫妇，但是通行的还是专制婚姻。小康之家流行小夫大妇制，往往七八岁的小孩，娶上一个二十岁的媳妇。因为土人妇女勤劳善操作，男子闲逸不事生产，小夫大妇制的目的，不在生男育女，而在帮助夫家操理农事。这一种媳妇过门时，不拜堂，惟由男家纳财礼。

1 2 土族的葬礼

图1为将遗体抬出家送至广场，图2为火葬时
在旁诵经的喇嘛。

3 土族的祭祀

第 一 章 青 海 土 人 23

1 民和县的李承基土司

据传他是五代时有着显赫历史的沙陀人李克用的
后代。

2 东育地区土族男子戴的刺绣品

男子穿短装时戴花肚兜下垂腿上，足穿如意头花
鞋。此为土族男子的盛装。

三川地区的土族大家庭，已四代同堂（中座右侧长者为前清老贡生）

土族儿童

怕羞的土女

摘自庄学本《旅行日记簿》

　　次日早餐后，县政府派了一位王主任、二名警察、二匹牲口，送我到城西北三里的塘巴堡去。二里以后的庄子中，在一家土屋前面，两根木头靠着土墙搭成的秋千架上，我发现有一对红衣红帽的女子，在绳上荡秋千。鲜艳的衣服，活泼的姿势，引着我们跳下马来隔墙去观赏，土女知道有生客观看，就一下散开了。我们牵着马，沿大路上去没有多远，就到一处土房比较多的白崖子庄。此地是塘巴堡的中心。一个红牌（寨首）出来招呼我们到他的家里，红牌是汉人，他家里也有炕和火盆。王主任告诉了他考察土人风俗的来意，他立刻就传了五六个老年的土人来。他们因为近城的关系，都已汉化，穿戴的全是布衣皮帽，说的也是一口流利的汉话，当我问他土话时，有许多反而答不上来。庄前的秋千架上，有几个土女在游戏，当我们出去预备考察和摄影时，她们都怕羞逃走去了。但是结果仍被几个土人追回了四个土女，这时她们不好意思了，当我替她们摄影时，她们都羞得连头也抬不起来。

1 2 抬神出庙挡冰雹

土族地区多冰雹，常有专门法师定时抬神像到处敲锣放枪，惊退雹神以消灾。

1 汉地来的游方道士
2 手持开山斧等法器的老法师
3 土族法师

3

1 2 3 青海土族妇女头饰

当地土族妇女讲究头饰，式样复杂，互助有"三尖头""蜂儿头"等。大半用红丝线缀成，颈中挂贝壳、料珠项圈。民和有"丹凤头"，用珊瑚珠和一支展翅的小飞凤做成，走动时头上小凤颤颤欲飞，相传是宋朝丹阳公主的装束。图1为丹凤头，图2为蜂儿头，图3为干粮头。

1 青海土族男子
2 青海土族女子
3 青海土族女子
4 青海土族老人
5 青海土族人家

跳神

第二章 塔尔大寺

我们在土人部落里畅游一周以后，就去塔尔寺谒见班禅喇嘛。塔尔寺是喇嘛教主要派别黄教（格鲁派）祖师宗喀巴的出生地，他的胞衣埋下之处长出一株菩提树，树上共有十万片树叶，每一片树叶上显出一个佛像，所以藏语称塔尔寺谓"贡本"，即十万佛。后来树上修建了一个塔子，把菩提树隐藏了。宗喀巴升天后，他的肉身就葬在塔内，塔外又盖造殿宇，用鎏金的铜瓦为顶，称大金瓦寺，寺门口有一株檀树，树枝及树叶上都显出刻画的六字真言。塔尔寺是喇嘛教的圣地，又因班禅驻留未行，所以蒙藏各地的信徒无论远近都来朝拜，山沟里有人满之患，大殿门前的地板被膜拜者的手掌磨成很深的印痕。阴历正月十五是上元节，寺中喇嘛举行跳神讲经，班禅在寺前公开受群众顶礼膜拜。晚上为酥油灯会，这是伟大的艺术杰作，他们用酥油调和颜色塑制成佛教中理想的极乐世界，高约丈许，中间为主持极乐世界的弥勒佛，四周环绕着天宫云彩，车马船只以及花卉鸟兽多栩栩如生，旁边还点缀许多佛教故事、地狱的惨状和人世间的斗争，枪炮弓矢也都生动逼真。酥油花前点着很多的酥油灯，火光通明，环寺有酥油花十余座，照耀如同白昼，看热闹的人到处挤得水泄不通。塔尔寺的酥油花是喇嘛教中最负盛名的，每一次要用酥油数百斤，费时四五个月，耗资在数千银元以上，这一次据传因班禅在寺，所以做工比往年更精巧。酥油花在第二天清晨撤去了，我也就转往库库诺尔（Kokonor）海上一游。

按 语

　　本文选自庄学本所著《十年西行记·塔尔寺》一节，略有改动。文中的"库库诺尔海"即今天的青海湖。

　　酥油花是塔尔寺"艺术三绝"之一，明万历年间由西藏传入，以牛奶中提取的酥油，加上各种植物和珍贵矿物颜料，在木材扎好的骨架上，从粗到细逐步雕塑，制作过程复杂艰苦，规模宏大，内容基本为成套佛教故事，人物众多，姿态生动。由于酥油花受气温影响，故每隔一两年就需重塑一次。塔尔寺在农历正月十五有大规模酥油花展，俗称"观灯"。

塔尔寺全景

塔尔寺的善逝八塔

建于清乾隆四十一年（1776），用以纪念佛
祖释迦牟尼从诞生到涅槃的八件大功德，是
塔尔寺的象征。

美丽的酥油灯

今天的晚上，就是元宵的灯会，自有喇嘛教的地方，首推塔尔寺的酥油灯最为精巧华丽，所以蒙藏人民，也都以前额触酥油灯架为荣。

酥油灯的制造，远在半年以前，制造酥油灯的艺匠，静坐在密室中制造，此时禁止任何人的参观。元宵夕阳下山以后，才将伟大的酥油灯供在绣有佛像的天棚中，任人参观，第一次参观的是班禅大师，第二次轮到吾们，在黑暗中由二个喇嘛提了灯笼来引导我们，前面开路的一位喇嘛在人丛中打开一条小路，直通到大金瓦寺的右面煌煌的灯光之下。

两个大酥油灯分别摆在东西两个地点，像五彩浮雕式的牌楼，直耸到高约二丈的天棚顶上。下面点着一排明亮的酥油灯，照着牌楼中央一尊生动的佛像，佛像的两旁又布置着亭台楼阁、树木花草，骑马的人、散步的人，都在游乐。佛顶上的一所亭子中，有四五个人在循环转动，和走马灯一样。人物的衣服，花木的色调，鲜艳悦目，精巧生动，全和真的一样，尤其是在摇动的灯光底下，几乎使人置身在巴黎蜡人馆中。最令人触目惊心的是，在华屋的上空，徘徊着一只双翼的轰炸机，地下又是一尊正在放射的开花大炮，这似乎象征战争的预兆。

人太挤了，我们忙退出来，紧随着喇嘛，绕着大金瓦寺，转了一个圈。一路供着小酥油灯的地方共有七八处，但是工艺色调都很差了，大都只有三角形的一块花板和一个二三尺高的佛像。看的人也没有像前面的挤，诚心的老婆子，都在朝着它叩头。

明天会期过了，我们早上八点钟坐着原车回去。一路上的帐篷都在陆续地拔卸，人潮又各向归途中拥去。

1 塔尔寺"艺术三绝"中的酥油花

塔尔寺内有专门制造酥油花的僧人，以酥油调上色彩为主要原料制成艺术品，题材内容多属佛教故事、人物传记、飞禽走兽等，工艺精巧细致，形象生动逼真，是寺内每年正月十五观灯时的重要内容。

2 塔尔寺宏伟的大金瓦殿

屋顶铜瓦鎏金，殿内灵塔高耸，是座价值连城的宝库。

众喇嘛在大殿前静听班禅大师诵经

塔尔寺是藏传佛教格鲁派创始人宗喀巴的驻锡地。塔尔寺依山而建，殿宇宏伟，佛像庄严，梵塔棋布。它不仅是一座寺院，还是一种文化象征，是建筑艺术和藏传佛教艺术的集中体现，是信仰藏传佛教的人们心中的圣殿。全寺占地40余公顷，有殿堂25座、僧房9300余间。庄学本游历时，寺内有呼图克图6位、活佛80位、僧众3000余人。

1 塔尔寺内举行的祈愿大法会上，僧人们钹鼓齐鸣，班禅在大殿前诵经

2 跳神

这是塔尔寺每年春节要举行的传统宗教活动。由僧人戴面具，着彩服，化装
成鬼神做各种舞蹈动作。

游人多如潮

摘自庄学本《旅行日记簿》

在寺中只见到滚滚的尘土和人山人海的观众。据寺中估计，赴会的人总数在三万人以上。其中十分之六是"番"人，十分之二蒙人，汉、回也占十分之二，尚有七八个来看热闹照相的外国人。今年因为班禅大师驻留此地，蒙、藏人民朝圣地、拜活佛、看灯会，一举三便，有许多是阿拉善、柴达木的蒙民，玉树的藏民都不远千里而来，所以比往年更加热闹。他们的帐房，扎满了十里周围的山沟中。狭小的山路上，塞满了往来如潮的人头。许多"番"人穿着缎子的新装，背后拖着沉重的银碗、头饰、珊瑚、贝壳，琳琅满身。拉着骆驼的蒙古人，很多点缀其间，使人引起异样的情调。

从鲁沙尔到塔尔寺，一条数里长的山路上，两旁扎满了买卖人的帐篷。蒙、藏人民在此地更挤得密不通风，摊子上的铜铁器、布匹首饰、红红绿绿的花纸、热气腾腾的小吃，无不利市十倍。

一大早，我们上山去透透空气，赴会的男女们数十成群地已在山径上朝拜，于尘埃中磕长头表示诚心。今天班禅大师在大殿前诵经。三千五百个喇嘛拍手顿足讨论经典（辩经）。如痴如狂的观众，在数百步以外的石级前，朝着班禅磕头，还有千万个力弱者站在后面，他们的前额触不到寺门口的蹬石，使他们虚此千百里远来的诚意。

前来塔尔寺拜佛的信徒

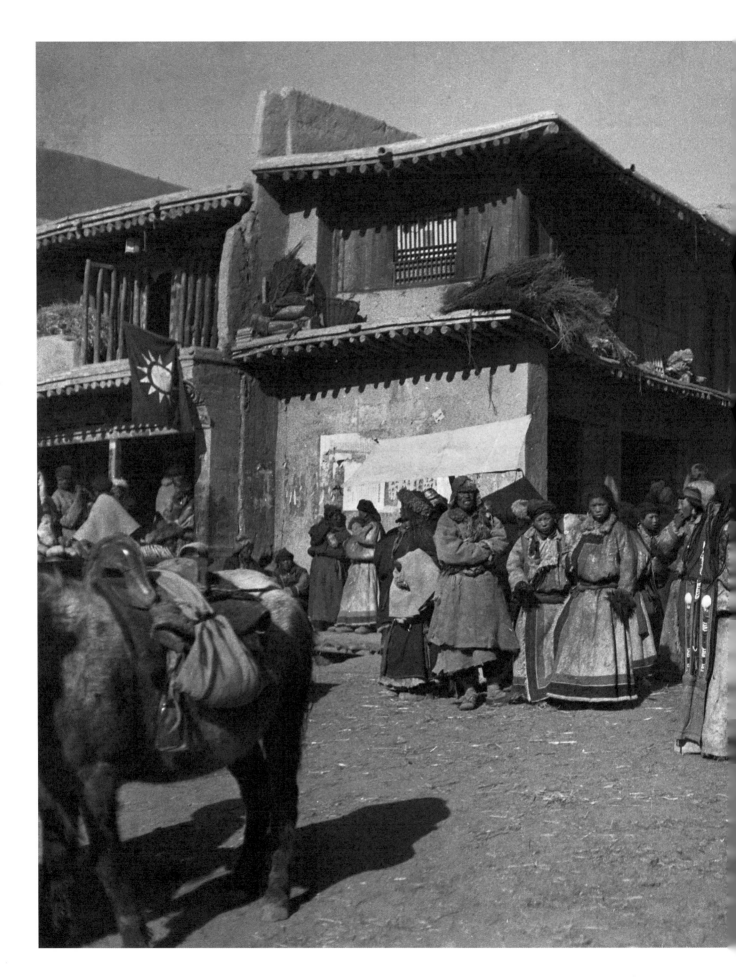

街道上聚集着准备到塔尔寺上香的信徒

1 绕寺磕长头的信徒

2 来塔尔寺朝拜的蒙古牧人骑着骆驼来
到这里，就近搭起帐篷暂住下来

湟源街景

湟源距西宁45公里，是赴青海湖的必经之路

第三章 青海蒙族

青海，蒙语库库诺尔（Kokonor），我去的地方叫群科滩，在湟源（Tangal）之西三马站（每马站约30~40公里），是蒙古王公尔立克贝勒的住牧地。这一带的海边是一片平原，海上已结了厚冰，海心山小岛隐约在望。岛上有个寺院，住着几个专心修行的喇嘛，他们没有船只，每年只有在结冰的时期上岸募化粮食，海水解冻，他们即在岛上与世隔绝。环海共十八马站，海中产无鳞鱼，每年冰冻时，"番"人在冰上凿一个洞，洞边烤一堆火，鱼就从冰洞中跳出来，每年产量很多。兰州人过年也必须购几条青海鱼做年菜。海的西边有盐池，为著名的产盐地。群科滩海边有一个古城，名叫三角城，面积不大，城址依稀，十数年前曾发现过一头石虎，现在全城都埋没在芨芨草下。群科滩是蒙古部落的游牧地，

但是海东的蒙古人都渐渐地衰落了，他们的牧地原在海南，因受"番"人的压迫而退居到海北，大多数蒙古人已不住蒙古包而住"番"帐房。妇女和"西番"不同的只有辫套挂在胸前，戴小羔皮红缨尖顶毡帽。其他服饰语言也都染习了相当的"番"化，所以此地的蒙古人已被称为"假蒙古"。

我离开了群科滩就南渡黄河到贵德，这里是"西番"部落，温暖的农业地带，山明水秀，果木成林，风景非常美丽。"番"人都住土房，以农耕为生，一切装饰语言又多深染汉化，所以他们又被称为"假西番"。这里的"番"女以美丽善舞著称，凡西宁举行盛大的舞会必须有她们参加表演，才称生色。

按　语

本文选自庄学本所著《十年西行记·青海蒙族》一节，略有改动。
文中的"番人"指藏族，"西番"指安多藏族，"青海"即今天的青海
湖，"三角城"即今天的青海省海晏县西海郡治龙夷城遗址。

位于青海右翼蒙旗的扎藏寺

社交公开之蒙古族青年

摘自庄学本《旅行日记簿》

蒙人的生活

　　这里蒙人的生活还是滞留在游牧社会，居无定处，逐水草而迁移。女子的工作往往比男子为勤苦，男子除了对外的交际，或从事战争以外，他们就留在帐篷闲逸，妇女们早晚须挤奶、熬茶、煮肉，余下的时间料理家务。

　　他们的饮食以牛羊肉、酥油、糌粑、茶为主要食料，每日饮食通常三次，而饮多于食。每食必饮砖茶所熬之浓汁数碗，茶中和鲜牛奶数勺，置酥油、糌粑各一撮，茶饮毕，乃取糌粑一碗和茶及酥油，捏成拳大的形状，即为正式的饭食。他们吃的牛羊肉数量也很多，但是肉都煮成半熟的血水肉，外人以为不可食，而他们非此不算味美。

　　他们的居室非黑帐房即蒙古包，因为拆卸容易，迁移方便，而这一带黑帐房比蒙古包为多，这也是深染"番"化的关系。蒙古包用羊毛毡子盖成，里面用木条做骨干，围成圆锥形的幕屋，门口挂一块毛毡作门帘，冬天内部很温暖。黑帐房用牦牛长毛织的毛毡盖成，牦牛的毛不渗水，所以虽在淋漓的大雨中，也不会漏水。黑帐房为四方形，中间用二根木杆顶着，一条棍子作为大梁，四面用四根柱子把它撑起，外面再用十数根毛绳把它拴紧，帐幕的中间用泥土砌成长形的炉槽，日夜不熄地在煨烧牛羊粪干。

　　他们的座位以炉灶为区分，男左女右，鲜有紊乱，如果一个新来的男客人，误踏进右边的女主人座位，很会引起他们的笑话。他们晚上睡觉的床位也是同样的男左女右，虽然是夫妇，表面上也应当这样分开。他们睡觉多和衣而睡，以衣作被，晚上不用灯亮，借着灶中的火光就能光照全幕。他们起身和睡觉都很早，大有日出而起、日入而息的生活状态。

1 蒙古商队
2 新娘按蒙古习俗由女嫔二人左右
扶出家门，新妇怕羞以袖掩面

穴居的蒙古人

1 蒙古包

蒙古包中砌有土灶，灶右为女子歇息之
所，灶左为男子起坐之地，不相紊乱。

2 右翼盟长之家属

蒙藏学校课堂中的蒙古王子

摘自庄学本《旅行日记簿》

蒙人的装束

初到青海的人，对于蒙"番"两族人的装束迷离莫辨，时常会误指蒙人为"番"人，指"番"人为蒙人，这是因为他们服装的差别很少，但是你留意了也能发觉他们身上有若干显著的不同。至于他们服装相仿的理由，据传说近来青海的"番"族势力强盛，蒙族势力渐次式微，故服饰遂染"番"化，甚至语言文字也多有倾向"番"人的趋势。

此间妇人的装束，常穿的为圆领老羊皮袄无面，边缘缀二寸宽的红边，裾长及地。富有者用紫蓝黑色的缎子或布褙面，腰间束一条红带，左方挂一根四寸长的奶钩（挤牛奶用的铜钩）和一块鸡心形的银牌，上面多刻花嵌宝石。帽子分两种形式，一为皮耳帽，帽的左右两片护耳在冷天能折下，另一种为尖顶羔皮帽。男子的外衣为老羊皮袄，穿裤，着硬底靴，帽子通行尖顶帽，富者戴狐皮帽，男子皮袄多提至膝下，便于骑乘。多数的蒙人头顶还留长发一方，梳成一根半尺长的细辫，盘在帽中。

1 青海的一户蒙族家庭
2 蒙女装束

1 蒙古人于山上堆经石插树枝敬神，蒙语谓之"鄂博"
2 乐都县城

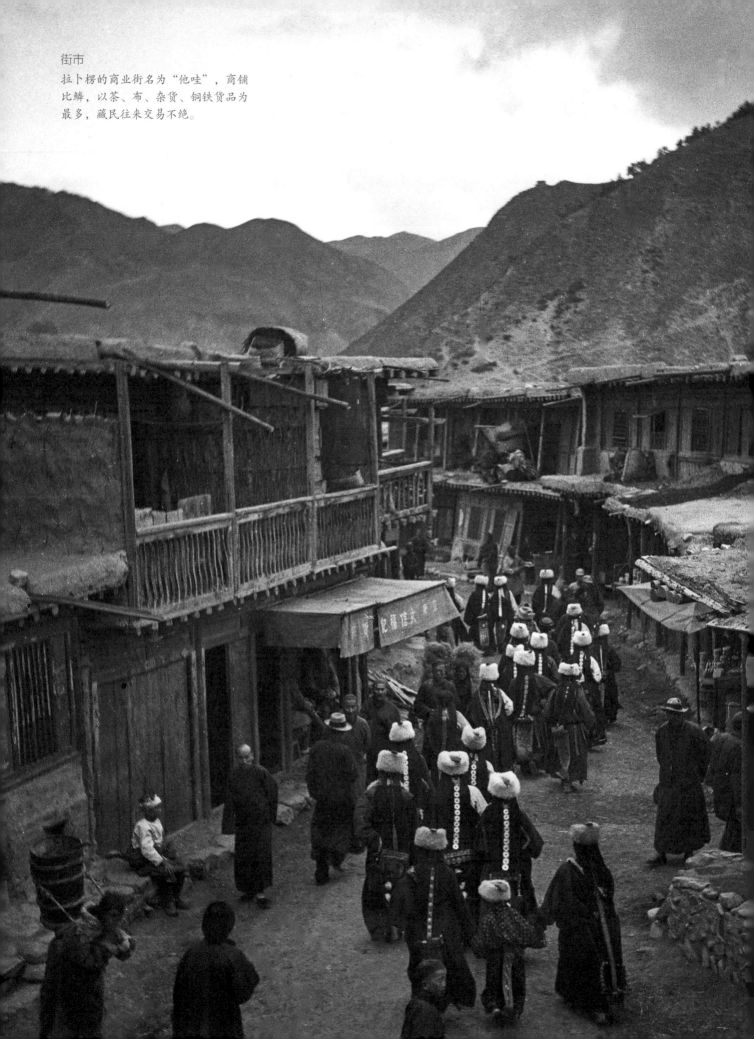

街市
拉卜楞的商业街名为"他哇"，商铺
比鳞，以茶、布、杂货、铜铁货品为
最多，藏民往来交易不绝。

第四章 拉卜楞寺

在青海游历已经3个月了，此时班禅喇嘛预备起身去拉卜楞寺举行时轮金刚法会，所以我先回兰州，在1936年5月18日随队起身去拉卜楞。拉卜楞是西藏东北"番"地中最繁盛的重镇，也是拉萨以外喇嘛教最完备的学府，寺内有喇嘛3000多人，直辖小寺108个。寺中有5个学院和18个佛寺，都建筑在大夏河谷，山沟中尽是金碧辉煌和朱垣红墙的佛殿。掌教的活佛，法号嘉木样，已经是第五世化身，他的长兄黄正清是这里的保安司令，统率拉卜楞寺属下各地的"番"兵。寺东有商场名"他哇"，商业极盛，青海南部和果洛草地的土产都以此间为集散地，寺前每天日中为市，到太阳移上山顶的时候，各路摊贩云集，交换土产羊毛、羊皮、药材之属。当地的"番"女都善于经营商业，服饰华丽，她们的财富即在她们的背饰上可以分辨出来，最富有的用珊瑚琥珀做背饰，中等人家用银元50枚，穷困的用铜片。成年的"番"女头上编着极细的发辫，用酥油擦得头光面滑。拉卜楞原属蒙古河南亲王的属地，但是现在亲王失势并染"番"化了。

班禅喇嘛于六月间来此，"番"民七八万人已先几天在数十里外的草滩上，设下了数百顶白帐房，迎接这位活佛。"番"人都遥远地向他焚香膜拜，在草坪上兴高采烈（地）赛马、放枪。班禅的黄轿被数十里长的欢迎队伍簇拥着进寺院，沿途香烟缭绕，音乐齐鸣，情况热烈神圣，只有在神话或佛堂中可以体味到。班禅莅寺休息了几天，即举行时轮金刚法会，会期原应七七四十九天，这次只缩短为十五天。这是一个为地方祝福，为人民来世超升极乐世界的盛大法会，会址在讲经院中，场中用五彩石粉绘坛城，象征佛经中预言的雪山之北的香巴拉国，即极乐世界，开始时由专修时轮金刚的喇嘛念经，班禅在最后七天中始登座诵经，施法水，散鲜花，蒙"番"人民把驼马牛羊并满袋的银子向他布施，请求摸顶祝福。法会完毕，已经是初秋了，入藏的时令不能再延，班禅于八月间启程先去玉树。我们的旅行队因人事上有了改组，又回兰州，在兰州适遇12月12日的兵乱，公私行李损失殆尽，于是转西宁再置行装，在西宁又因冬季寒冷关系，在青海度岁了。

数百名骑士身背叉子枪或手执长矛，奔驰
在草原上，以示欢迎贵宾。这是1936年
甘南藏民欢迎九世班禅时的盛况

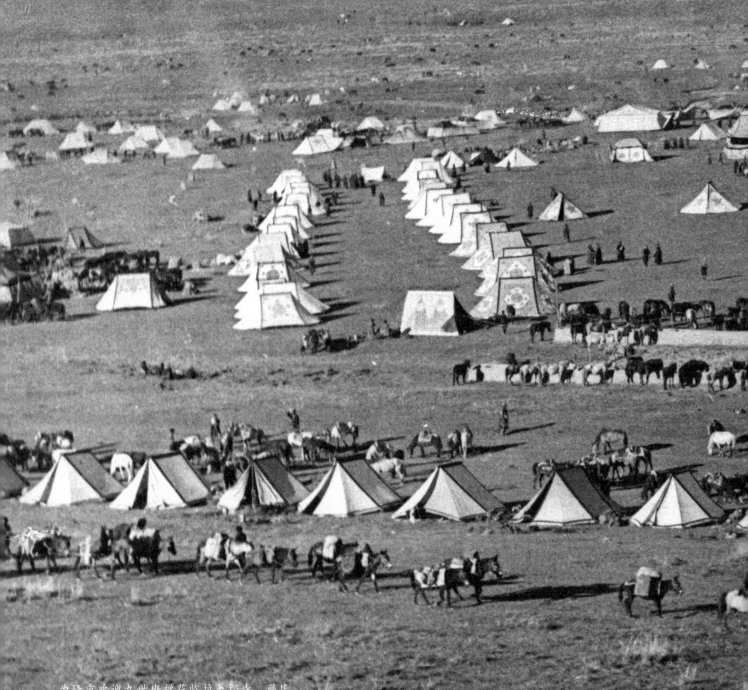

按 语

本文选自庄学本所著《十年西行记·拉卜楞》一节，略有改动。
文中的"番人"指藏族，"西番"指安多藏族。

为隆重欢迎九世班禅莅临拉卜楞寺，藏民
七八万人在广阔的甘家滩草原上先期搭了数百
顶花白帐房，使此处成为一座临时帐篷之城。

2

1 拉卜楞的交易市场

甘南日中为市。拉卜楞是甘肃南部地区的贸易中心之一，每天上午开始，以中午为最繁闹，直到下午日斜，人群逐渐散去。

2 背羊毛入市求售

羊毛市价甚高，故附近游牧藏人在剪毛后即纷纷背入市场中，络绎不绝，而脱售亦甚易。

2 3

1 零食摊

汉人在市场上有专售冷面、凉粉等零食之摊，藏人因不善烹饪，极争趋之，无不利市十倍。

2 拉卜楞的铜器摊

当时藏人使用的铜器多由汉人制造。

3 专卖喇嘛用品的摊贩

类似小摊占整个市场的十分之三，时有喇嘛光顾采购嘛呢珠等宗教用品。

1 卖马者

藏地产马，售者牵马至市场上，备有鞍，
以便任人骑乘，骑后合意者方相论价。

2 藏族儿童

1 制羔皮

羔皮在藏地为大宗产品，藏式制羔皮之法为用酸奶酥油涂于皮背，然后两人在河边鞣之晒之，其皮因此能经雨雪。

2 造屋

藏人亦粗知营造之法，舂土为墙，经久耐用。男子多作舂土工作，女子则负筐背土以作运输，相互歌唱，乐以忘疲，而墙之建筑亦极迅速。

1 祈祷之汉妇

边地不只藏人，即便汉人亦极信佛，故附近之寺前亦见汉人妇女持转经轮诵经祈祷。

2 苦行僧

这是一位苦行僧，从百里以外背负粮食、衣物，风餐露宿，赶来喇嘛寺祈求佛法。

拉卜楞寺全景

1 拉卜楞寺的嘉木样活佛

嘉木样为格鲁派之呼图克图，其统辖有35个寺
庙，其教权曾达蒙古及西藏、川边等地。相传
其第一世极富辩才，所著经典风行蒙藏，故其
在宗教上的地位仅稍次于达赖、班禅。

2 活佛出行不履尘土

在其所经之处画成云彩及海螺，以示活佛腾云
驾雾之意。

1 讲经论辩

寺庙僧侣定期集合，席地坐在大殿外的广场中，开始讲经。居中三人，是寺中精通经典的高僧"格西"，主持讲经论辩，相持甚久，俗称"考喇嘛"。

2 朝拜九世班禅大师

成千上万的蒙、藏僧俗循序入场，依次朝拜莅临拉卜楞寺的班禅大师，楼上中坐者即为九世班禅大师。

1 跳神

喇嘛戴面具，穿法衣，在场内随鼓声往来
奔舞，祈愿风调雨顺、国泰民安。

2 跳神时的狮神面具

跳 神

摘自庄学本《旅行日记簿》

拉卜楞跳神的时期很多，在我们初到的5月里跳了一次，我们临走的7月里又跳了一次。这两次跳神完全不同，5月间的一次是前藏拉萨流行的跳神，7月间的是后藏扎什伦布寺流行的跳神，所以这两次的跳神，可以代表喇嘛教一般的跳神。

5月间的跳神很普通，我在川边青海都见过，最先出来的是骷髅装束的几个小鬼，拿着短棒，场中跳跃，随后有大头和尚，有不戴面具的，有牛，有鹿，最后一幕为护法神的舞蹈；面具很凶恶，上面有小骷髅。往来奔驰，旋转生风，跳来很紧张，表示铲除破坏宗教的魔鬼。

这次班禅初到拉卜楞，他也登楼参观，旁观的僧俗特别的多，所以时间跳得很长，前后几乎十小时，跳来都很卖力。寺中的布置很整齐，坐法台的活佛也亲自出场监视，乐队前面摆设一尊铜的佛像，这次跳神虽然并不别致，但是布置等等都很有秩序。

第二次后藏的跳神，是在阴历七月初八的下午举行的，它的情节是这样："后藏山中有道行高深的一个喇嘛在修行，同时山上有围猎为生的父子三个野人。喇嘛天天坐在山洞中念经，山上的野兽和野人的猎狗，都被他感化到山洞前听经去了。野人出猎就没有猎狗，又见不到一个野兽，只听到喇嘛的经声。他们循声到山洞前，发现了他的猎狗和许多鹿子在听经。他就发箭射鹿子，箭屡次射在鹿身上都反弹了回来，他们也醒悟了，抛了弓箭，去皈依喇嘛。"这次跳神，就是搬演这段故事。最先登场的是耍狮，然后出来两个喇嘛、两只猎狗、两头鹿子，跳了一阵遂静坐在一起。接着东西两面都出来了三个反穿老羊皮的野人，两个高大的，四个矮小的，先说些笑话，随后拿投石绳在地上凑了两下，表示射鹿。鹿子没有动静，野人就跪了下来，把牛奶红枣等一切撒在场中，领着小野人投奔到喇嘛跟前，就此完毕。

这次跳神时，班禅已经到拉加寺去了，我们在跳神以后几天，因专使撤换了，8月29日也离开拉卜楞，又重回兰州，候新专使赵守钰莅任。

1 跳神时有皮鼓、长号等乐器随跳随奏，以助声威
2 跳神中的僧侣

1 贵族妇女盛装

拉卜楞贵族妇女梳细辫，耳戴金质绿松石珠圈红珊瑚耳坠，颈挂珊瑚项链和镂金经盒，穿全丝缎皮袄，獭皮镶边。一身穿戴价值千金。

2 藏人贵族之装饰

藏人贵族多用绸缎为衣料，项中挂珊瑚嘛呢珠，腰间插镶银佩刀。

1 投石绳

藏人放牧能一人管理千百牛羊，盖其有赖于投石之精巧。投石之法，用毛绳一根，夹石一块，旋转投之，能远达数百码。

2 藏族男孩的头饰

3 吹骨笛

骨笛前有七孔，为藏人贵族女子之消遣，吹时发声呜呜、清脆悦耳。

4 藏族姑娘

5 拉卜楞保安司令之夫人，人称"藏族之皇后"

5

的生命

青海省會公安局製

撒拉妇女逛街

撒拉十二工

我又利用这个年假，单身匹马去土人部落游历，这次遍历大通、门源一带土人的山沟，又转到湟水以南的民和县去考察小脚土人。再渡黄河至循化的撒拉部落，撒拉人是有高加索人体质特征的穆斯林，碧眼、高鼻、多髯、身材高大。他们信奉伊斯兰教，据《西宁府志》载系明朝时从西方迁入青海，原非青海的土著（原住民）。有的说是由中亚的撒玛尔罕移来。撒拉人自己的传说，云他们的祖先本住在撒玛尔罕，因宗教分裂和战争失败的关系，由兄弟二人率领群众，牵了骆驼，载了《可兰经》，奔东而来，到达循化，天色将晚，骆驼卧地不起，恰巧又是礼拜的时候，等他们礼拜完毕，回头一看，骆驼已化成了石头，于是他们就住下来，和"番"人杂居。他们的村子有八工（村）在黄河南岸循化境内，有五工（村）在黄河南岸化隆境内，分布面

积纵横约一百余里，人口不过万余人。撒拉是一个强悍而宗教意识极浓的民族，精于马术，男子除做（种）庄稼、养牲口、做小生意以外，都当兵。他们的食物牛羊肉必须由穆斯林教（此处指伊斯兰教）的掌教阿訇屠宰，猪肉和自毙的兽肉均禁食。男子7岁到14岁举行割礼（Cincumcicicon），蓄胡子，体毛无论男女均须剃除。女子七八岁以后均蒙盖头，出门面遮黑纱，按教礼女子的手足头发均不外露。撒拉人的名字常用出生时父亲的年龄为题名，所以五十三、四十二、三十九等数字全是他们的名字。人死行土葬，面向西朝天方。撒拉按教例每日做礼拜五次，每年封斋一月，新年行礼祀。全族在空地中由阿訇主持礼拜。富有者抽取盈余周济贫穷，因此族中没有乞丐，现在通行的语言为突厥与"西番"的混合语。

按 语

本文选自庄学本所著《十年西行记·撒拉》一节，略有改动。

撒拉即指撒拉族，是我国民族大家庭中的一员，人口约有130 600人（2010年统计数据），90%居住在青海循化撒拉族自治县。撒拉族自称"撒拉尔"，简称"撒拉"；汉文史书里曾有"沙剌簇""萨拉""撒喇""撒拉回"等多种称呼。撒拉语属阿尔泰语系突厥语族，青壮年多兼通汉语，通用汉文。撒拉族的民族来源曾有过不同说法，较一致的意见是：撒拉族的先民在元代由中亚细亚的撒马尔罕地方经过长途跋涉辗转迁徙到青海东部，定居在循化地区。他们在长期的历史发展中同周围的藏、回、汉民族相互融合，逐渐形成自己的特色，而在中华人民共和国成立以前，没有被当作一个民族来看待，只是作为回族的一部分。庄学本20世纪30年代到达此地时，尚受此种观点影响，其对撒拉族习俗的描述，仅系当时传说，未经考证。

青海省回教促進會

循化城内街道，青海省回教促进会在西宁，省内各县均有分会

1 唤礼楼

清真寺前的唤礼楼，礼拜时阿訇
先登楼呼叫信徒，晨昏祈祷。

2 循化撒拉族田间礼拜

"朱玛"

每星期五之最大礼拜名叫"朱玛",教徒群
集跪拜敬礼,阿訇于时诵讲《可兰经》

古尔邦节

摘自庄学本《旅行日记簿》

　　由西宁起身那天是2月5日，待踏进三川的地界，刚巧就是阴历的年初一。在官亭看着热闹的新年过去了，年初九的早上我和三川的土人作别。由官亭渡到黄河的南岸，经禹贡过河积石的"积石关"，上溯八十里，沿途盘旋山峡中，路险山高，二天进一所清淡的循化城，翌日西行十里，抵"街子工"。

　　这里是"撒拉族"的领域，撒拉全是伊斯兰教徒，相传明洪武年间由西方口外移来，他们的语言仿佛土耳其语。其种族似为新疆的缠头种。很凑巧明天就是他们"古尔邦"祀会的日子。会中同时举行的有三件大事：一、做大的瞻礼；二、会集于郊（他们平时的瞻礼多在寺中，这是特别的大会，所以集于郊野）；三、宰牲畜。

　　第二天的早上我给叫天楼上阿訇（掌教者）的呼声唤醒了，这时时间尚早，由乡长领导着出门，天气特别冷，穿了两件皮大衣还挡不住阴沉的寒风。走出村庄就见到头缠白布的撒拉人，络绎不绝地往西走。几个骑着大马的阿訇，马前打着三角旗。走过一条冰河，又半里，就望见山脚下一块平坝上有一簇人影和几面在寒风中飘扬的旗帜，同时四面散乱的人影，都向着这个目标集拢来。

　　我们到达这个会场的时候，已经有数十个撒拉跪在尘埃里向西方礼拜。乡长离开我，他也夹在人群里脱了鞋子进场去礼拜了。独自留下我一个人，站在场边观望。他们也都看着我一个立在场外的外教人很表惊异。这时西首

人丛中一个阿訇站起来，用汉语向大众演说，历一小时词毕。另一个阿訇拿了一本经，走到西边的旗帜底下，打开本子朗读经文，读毕又率领大家起立，举手至耳、鞠躬、叩首、跪坐，为此两次，宣告散会。我又随了他们回到村里，再请乡长领着去看他们宰牲。今天"街子工"每七家撒拉必须合宰一条牛，所以全村同时宰的黄牛不下二三十头。按例驼为大牲，牛为少牲，羊为配牲，有钱的宰大牲，其次宰少牲，再次宰配牲。但是撒拉地方不出骆驼，又没有豪富之家，所以一律都宰黄牛。宰时先在地上挖一个坑，将牛脚扎了推倒在坑边，牛头向西。三四个阿訇出来站在院中，先用一块白布盖住牛脸念经，随后一个阿訇拿了尖刀出来，一边念经，一边把刀口在牛头上使劲地割

了一下。牛脚牵动着，头中的血随着刀口喷涌到土坑里，几个壮年的人就压住了还在颤动中的牛尸。阿訇乘隙又走到第二家去开刀了。

祀会一连三日，大家多停着不种田，不做事，只是剥牛煮肉，今天吃包子，明天喝粉汤。同时宰牛的人家须要款待阿訇，再把牛肉分成三份，一份交出钱的七家公分，一份送给亲邻，一份施与贫民。所以这几天大家非但忙吃喝，并且提篮端盘地又忙着互相赠送。此来彼往，村里的小巷中，也很热闹。尤其一般孩子有新衣穿有牛肉吃，都很高兴地在村里玩耍。

祀会后，我又住了几天，观察他们的生活和风俗，直至2月27日我才离开他们到化隆去。

撒拉族儿童

1 撒拉族老人
2 撒拉族男子
3 撒拉族女人
4 撒拉族男人
5 撒拉族女子和小孩

贵德街景

贵德在黄河南岸，古为西羌之地，民国始设
县治，为藏、汉互市之地，颇为热闹。

第六章 夜宿海南道上

于1937年的6月9日开始出发去玉树，会同班禅入藏，我们由湟源起身，向西南行，一路雪融草长，气候也颇温暖。四天翻过日月山，即是一片海拔四千米左右的大高原，碧草无垠，人烟绝迹，只有高山上的白雪和天际的浮云，衬出大自然的静美，偶尔发现草地上奔跑的黄羊、野马和岩边惊起的巨雕，以破除我们的寂寥。绕大积石山，渡过黄河（黄河在这里不过是三十几米宽的一条小河），一夜在星宿海中的岛屿上搭帐歇宿，环岛数十顶白帐房，衬着碧绿的海水，夕阳西照晚霞齐飞，风景无限的美丽。我们晚炊后，在帐中围炉闲谈，忽然放牧在山上的300多匹骡马一齐脱缰奔腾，声势浩大真像排山倒海，箱笼帐幕被踏倒踢翻的不知多少。我们在帐幕中匆匆逃出，立在黑暗中惊魂不定，有的说山摇，有的说海怪，有的说"野番"来抢，而马群在岛上来回奔驰冲突始终无法遏止，往来十数次后，忽然轰隆一声，蹄声渐远，骡马已窜出山口，逃奔海外了。我们跟踪追赶在十数里外，方将全群堵住赶回，但是时间已将天明。这是一次值得纪念的惊人举动，所幸人马都还平安，后来知道马群在夜间很易受惊，受惊后群马奔逃不留一骑，这次据说是马夫用电筒惊吓了他们。自海心山以下，地势更高，海拔在4500米至5000米之间，冰雹和骤雨不时地袭来，虽在最热的夏天，但是白天还穿皮袄，晚上依旧结冰，潮湿而泥泞的沮洳地（湿地）又到处皆是。翻过黄河、长江分野的巴颜喀拉山脊，大雨滂沱，天天不停，一连七八日，不但在马背上寒冷入骨，淋漓难熬，骡马也都瑟缩不前，而且更严重的是沿途的燃料问题，野牛粪都被雨水浸湿不能燃火，我们不能饿着肚子走路，不得已木箱和马鞍都被砍作燃料以求一饱。将抵竹节寺，天放晴了，大家争着捡野牛粪，在山麓上猎到两头黄羊，晚上月明如画，炉火熊熊，烤着羊肉作大嚼，大家都很快乐，这是一个值得纪念的晚上。竹节寺以下地势渐低，即有帐幕人烟，8月13日到达通天河，"番"人的寺院庄房渐渐稠密了，我们在河边听到日本已经在卢沟桥向我军挑衅的消息，第二天坐牛皮船过河，下午就抵玉树，此行一共在途中走了34天。

按　语

本文选自庄学本所著《十年西行记·海南道上》一节，略有改动。

通天河水桥

湟水边准备外运的羊毛

1 背筏下河

羊皮筏子是黄河两岸行渡的交通工具。筏以十数只全羊皮鼓气，用木架串联而成，轻可肩负，漂在水面上极为轻捷，一筏载重约250公斤。

2 吹气

羊皮筏子行渡数次后气渐泄，故须重新吹气使之膨胀轻浮，则又可载人装货。

1 骡轿

海南道上交通工具以此为最良，能坐能卧，日
行40余公里。

2 渡舟

贵德、共和之间河上之浮桥为水冲坏，故临时
以木舟渡河，人马挤拥，交通艰难。

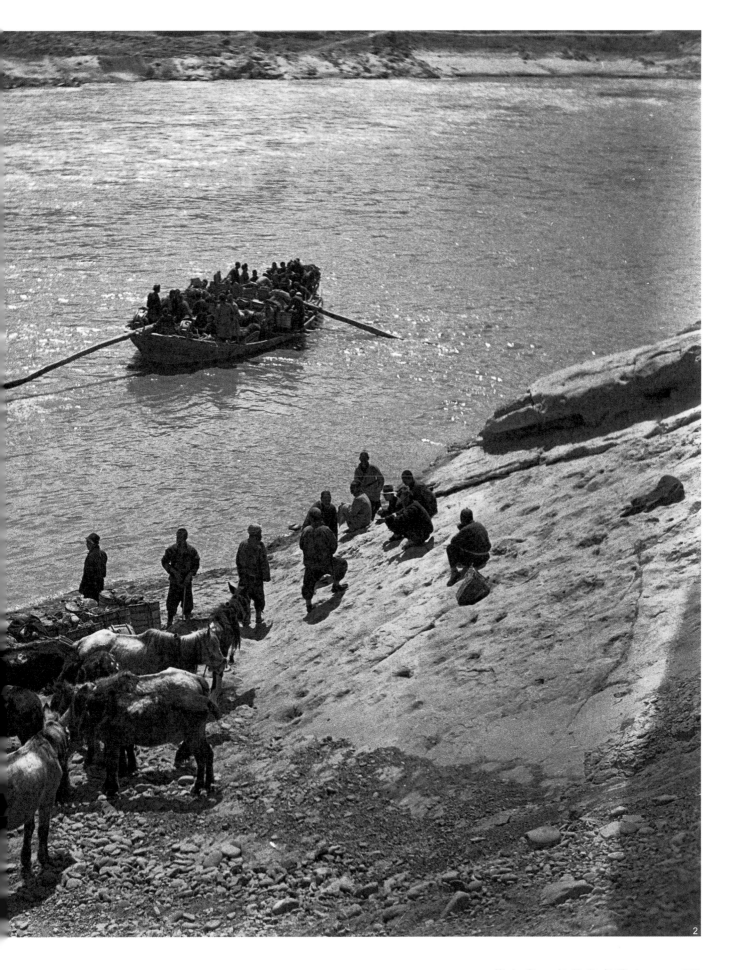

通天河边渡口

1 贵德藏妇擅长歌舞，载歌载舞举杯敬客

2 浑之夫妇。浑为能经咒而家居，娶妻育子一如常人，为教律所不禁也

3 贵德藏女十四岁后载空头，日后恋爱自由，若无正式夫婿，所生子女均从母而不知其父

4 诵经作法"浑"善巫术，专为人捉鬼禳解，其家中设有经堂，为作法诵经之所

初遇人烟

摘自庄学本《旅行日记簿》

晨起先测量什曲雅砻江源之水位，因为昨天到的时候水深不过一米，垂暮忽然涨到1.5米，盖因太阳强烈，高山上的雪融化的关系。今晨水落到0.8米，马过去水不到蹬上。在雅砻江的西岸顺着河流往下去，经过一个陡峭的山角，忽见四面全是草地。碧草黄花映着明媚的阳光，坡上数十成群的野马，大自然的景色引人入胜。

将近竹节寺二十里，发现两岸山沟中有白色的羊群和黑色的牛群，霎时兴奋得像在大海中发现了大陆一样。前面商队由西宁至玉树的乌拉在路中被我们追上，他们宿营了。一个汉商揽住马过来说他们是拉卜楞寺的买卖人，先我们一星期在湟源出发的。

再往前就是望风沟口的一个红塔，吾们像见了进港的灯塔一样高兴。吾们挥鞭纵马前行，数十间庙舍和二十几顶黑帐房渐渐近了，这里已经有三十里外的称多县李县长来此迎接了。吾在他帐房里饮了些茶，许多袒胸露背的男女在替吾们运粪熬茶。两个钟点以后，专使与行李队到达寺中，十几个喇嘛沿河奏乐欢迎。三时左右突然雷声与黑云俱起，狂风吼着，帐房的撑杆上发出吱吱的响声，幕布被吹得像饱帆一样，温度突然由二十五度降落到十四度，骤雨和冰雹突然袭来。

途中牧场景色

九世班禅大师

第
七
章

班禅圆寂

　　玉树是西藏和西康、青海三地的重镇，地势海拔4300米，为游牧区中仅有的农业地带，西藏和内地商货也都集中在此地，"番"人居民共百数十户，山上有萨迦派寺院。我们和班禅喇嘛会晤以后，就计划入藏。

　　班禅和达赖同样是黄教（格鲁派）始祖宗喀巴大师的两大传承世系，累世掌持西藏的教权，弘扬佛法，传世不灭，班禅世居日喀则（Shigatse），达赖世居拉萨（Lhasa），后来达赖兼摄了政权。第九世班禅1883年出生在西藏，1905年曾到过印度，1923年东来青海，在内地共居留十三年。他这次回藏适值中日战争失利，国家情势日趋严重之时，而预定启程的时间又值农历七月，藏俗这是一个不祥的黑月，禁忌出行，因此先期演习了一次假出行，整队在1937年8月30日到八九里外的草滩上下帐以破除不祥。然后班禅于9月18日离玉树至拉休寺诵经，并准备西行，旋于10月19日重返玉树，拟取道西康。

　　从此班禅因入藏挫折抑郁多病，11月中忽传病重，

拒见宾客，山上山下的喇嘛日夜诵经点长命灯，祝福他长生。不料他终于在12月1日清晨2时50分丢下了他的旅伴升天了，这是一个最悲痛最不幸的遭遇，多年入藏的幻想也随之而成泡影。班禅临死时据随侍的堪布传说有很多的灵异，他曾在拉休寺暗示要离世，同时在弥留时，他曾见有五色鸟及白衣童子持鲜花来引。

　　班禅的死在宗教上的看法是一种解脱，因为他是一个转世不灭的活佛，他的生死不过是换一个肉体，等于我们住的房屋，搬了一次家，换了一所新房屋，他这一次的升天已经是第九次的解脱，数年后他第十次的转世又要举行了。班禅是有道行的高僧，他坐着圆寂，死后第八天，法身方始倾倒。他的尸体用水银、红花、冰片等由口中灌入排泄腹内的杂物，再用香料、盐水涂在身上渍成不腐的金身，将来运回日喀则建肉身塔。尸上流下的血水调和黄土，印成佛像，班禅生前所穿的衣服撕成细绺，这都是"番"人护身符中的宝物，佩之可以驱邪降福刀枪不入。

本文选自庄学本所著《十年西行记·班禅圆寂》一节，略有改动。

九世班禅额尔德尼，法名曲吉尼玛，乳名仓珠嘉措，清光绪九年（1883年）正月十二日生于西藏达布地方噶夏村。光绪十四年（1888年）正月十五日，在驻藏大臣文硕主持下，于布达拉宫举行金瓶掣签，被确定为九世班禅呼毕勒罕。光绪十八年（1892年）正月初三，于扎什伦布寺举行坐床典礼，正式继任为九世班禅。

九世班禅由于与十三世达赖失和，于1923年11月15日率属下主要僧侣官员由西藏出走内地，从此开始了长达14年之久的内地生活。

1934年1月，班禅当选为国民政府委员。1935年3月，九世班禅提出回藏计划，并从宁夏到兰州，再到青海塔尔寺、甘肃拉卜楞寺。1936年12月18日，班禅率部到达玉树，住在玉树寺甲拉颇章宫。1937年8月18日离开玉树，前往青海与西藏接壤的拉休寺，以便从这里返回西藏，但是返藏的愿望未能实现。1937年10月8日，九世班禅离开拉休寺重返玉树，仍将班禅行辕设于玉树寺甲拉颇章宫。

九世班禅由于返藏受阻，隐忧成疾，于1937年12月1日在玉树甲拉颇章宫内圆寂。1937年12月23日，国民政府追赠九世班禅"护国宣化广慧圆觉大师"封号。

护送九世班禅的队伍

玉树长虹

　玉树在青海西南部，海拔三四千米，秋雨过后，长虹贯天，高原景色非常壮丽。山上建筑为结古寺。

商　务

摘自庄学本《旅行日记簿》

　　结古为玉树的商业中心，是青海南部最大的商市，当时因康藏交通中断，结古更成为青、康、藏三省货物的吐纳市场，即西康大宗的茶叶也都借道于此，其中茶叶、羊毛的价值为最大，总计当在数十万以上，但"番"人交易都不用货币作媒介，多数为以物易物。

玉树地区最大的喇嘛寺——结古寺

3

1 喇嘛寺内学经文的儿童
2 玉树结古寺的洪布活佛

1 玉树秋收

青海玉树为藏族半牧区，产青稞。当时土地大
多为土司、头人和寺院所有，一般藏民劳动一
年，收获粮食上交后，所剩无几，生活贫困。
年年秋收，又能给他们带来多少欢乐？

2 牧场上的野餐

青稞收割后，用梿枷打场，边打边唱着山歌

1 玉树藏民随身携带酒壶

2 纺毛线

1 藏族小男孩的黄羊角齿耙
2 河边汲水
背水为妇女工作，背水时用巨木桶，以绳挽之，
平置背上，行走迅速，毫不倾斜。

摘自庄学本《旅行日记簿》

风　俗

　　玉树的风俗充满了"番"人浑噩噩的古风，生育是瓜熟蒂落的观念，并不需要人助产，但是分娩时，牧区不得住在帐房里，农区须在空屋或牛棚中，因为帐幕或卧室里都供着菩萨，生怕血气冲犯了神灵，产后都不坐褥，婴儿藏在母亲胸前皮袄里，依旧工作。

　　婚姻多数是自由结合，性情相投后即实行同居，意志不合即分道扬镳，不经过法律的手续，私生子由生母抚养成人就承袭母家的财产，母亲再嫁则随母亲过门而从后父。多夫制如两弟兄合娶一妇的事在玉树牧人中亦甚流行。

　　贵族的婚姻很专制，仪式亦很繁重，定亲者重门户，千户配千户、百户配百户，不稍混乱，最近囊谦千户和德格土司的通婚及加娄百户和扎武百户的通婚是最好的例子。

1 玉树老牧民

2 妇女涂面

玉树有些藏族青年妇女，用酥油和上黑灰，涂在面颊上，能起到护肤的作用，另可以毁容作为一种装饰，躲避坏人的欺辱。

3 玉树少女

4 母子

正在玩耍庄学本胶卷的母子俩。

1 牧人好食生鲜嫩羊腿

2 一群藏族儿童

图书在版编目（ＣＩＰ）数据

西行影纪. 贰 / 马晓峰, 庄钧主编. -- 成都：四川美术出版社, 2021.6（2023.2重印）

ISBN 978-7-5410-5099-2

Ⅰ.①西… Ⅱ.①马… ②庄… Ⅲ.①中国历史—史料—民国—摄影集 Ⅳ.①K258.06-64

中国版本图书馆CIP数据核字（2021）第119652号

西行影纪 贰
XIXING YINGJI ER

主编　马晓峰　庄　钧

出版统筹	吴兴元　杨红义	编辑统筹	梅天明　杨建国
责任编辑	张慧敏	特约编辑	余颖霞　张　妍　何　唯
责任校对	陈　玲　田倩宇	制　作	成都华桐美术设计有限公司
营销推广	ONEBOOK	责任印制	黎　伟
装帧制造	四川蓝色印象艺术设计有限公司		
	墨白空间·张静涵		
出版发行	四川美术出版社　后浪出版公司		
	（成都市锦江区金石路239号 邮编：610023）		

成品尺寸	215mm×275mm
印　张	10.25
字　数	200千字
图　幅	142幅
印　刷	北京雅昌艺术印刷有限公司
	（北京市顺义区高丽营镇金马园达盛路3号）
版　次	2021年9月第1版
印　次	2023年2月第3次印刷
书　号	978-7-5410-5099-2
定　价	398.00元（全套3册）

读者服务：reader@hinabook.com 188-1142-1266
投稿服务：onebook@hinabook.com 133-6631-2326
直销服务：buy@hinabook.com 133-6657-3072
网上订购：https://hinabook.tmall.com/（天猫官方直营店）